Späth-Witze

Cleverle schlägt zu

**gesammelt von
Wolf von Henschelsberg**

Eichborn Verlag

© Vito von Eichborn GmbH & Co. Verlag KG, Frankfurt am Main, Februar 1989, Umschlag: Gruhle/Van Volxem unter Verwendung eines dpa-Fotos. Gesamtherstellung: Fuldaer Verlagsanstalt GmbH.
ISBN 3-8218-1987-1
Verlagsverzeichnis schickt gern: Eichborn-Verlag, D – 6000 Frankfurt 70

CIP-Titelaufnahme der Deutschen Bibliothek

Späth-Witze: Cleverle schlägt zu/hrsg. von Wolf v. Henschelsberg. - Frankfurt am Main : Eichborn, 1989
  ISBN 3-8218-1987-1

Vorwort

»Cleverle« wird der Ministerpräsident von Baden-Württemberg nicht nur von seinen politischen Freunden genannt.

Schlauheit sprechen Lothar Späth auch die Gegner nicht ab. Oft genug hat er sich als Querkopf bewiesen, der seinen eigenen Parteifreunden aus der CDU, und besonders der Bundesregierung, das Leben schwer macht.

Er ist jung genug, um dereinst die Nachfolge Helmut Kohls antreten zu können (geb. am 16. November 1937 in Sigmaringen, evangelisch, verheiratet, zwei Kinder, Dr. h. c.). Sein Witz und sein Humor sind dem der »Rheinischen Frohnatur« nicht unverwandt, aber dennoch eigen, ebenso wie die Witze, die man sich über ihn erzählt, und die Sprüche, die er selbst macht bzw. von anderen über ihn gemacht werden.

Was ihm an Tumbheit fehlt, ersetzt er durch die berühmte schwäbische Sparsamkeit, was ihm an Esprit fehlt, durch Kalauer aus dem »Ländle«. Und er schreckt selbst nicht davor zurück, Gedichte in Mundart zu verfassen. Sogar ihm wird ein Lachen aus den schmalen Lippen dringen, wenn er erfährt, was man sich alles über ihn erzählt und was er dereinst höchstpersönlich von sich gegeben hat.

Schwabenstreich

Möllemann ißt mit Späth zu Mittag. Plötzlich schreit Möllemann: »Herr Ober, in meiner Suppe ist eine Fliege.«

Der Ober ist außer sich: »Bitte verzeihen Sie uns. Wir sind untröstlich. Sofort werde ich Ihnen eine neue Suppe bringen, und ich erlaube mir, Sie im Namen der Direktion zu einer Flasche Champagner einzuladen.«

Kaum ist der Ober weg, flüstert Späth:
»Reichen Sie mir mal rasch die Fliege.«

Unterschied

Was unterscheidet Lothar Späth von Martin Luther? Luther sagte: »Hier stehe ich, ich kann nicht anders, Gott helfe mir.«

Späth sagt: »Hier sitze ich, ich kann auch ganz anders, Gott helfe euch.«

Gesagt

»Mein lieber Herr Späth, Sie sollen gestern gesagt haben, daß meine Gattin eine schmuddlige, alte Schachtel sei. Stimmt das?«

»Stimmt scho, aber gsagt hab i nix.«

Fachmann

Ein Psychiater ist gestorben und kommt in den Himmel.

Freut sich Petrus an der Pforte: »Gott sei Dank, ein Fachmann. Der Chef bildet sich ein, er sei Lothar Späth.«

Klein-Lothar

zum Vater: »Ja, ja, ich wünsch mir zum Geburtstag ein Schwesterchen – und vom Kindergeld kaufst du mir dann ein Fahrrad.«

O-Ton Späth

»Es gibt Politiker, die meinen, von nichts etwas verstehen zu müssen, weil man nur so unbefangen über alles mögliche reden könne.«

Klein-Lothar II

»Junge, was denkst du dir. Zehn Mark willst du haben. In deinem Alter habe ich nach Pfennigen gefragt.«
 »Schön, gib mir 1000 Pfennige.«

Feiertag

Im »Ländle« steht ein außergewöhnlich hoher Besuch an. Späth will selbst die Vorbereitungen dafür treffen.

Meint ein alter Beamter verzweifelt: »Ihr Vorgänger hat aber immer...«

Unterbricht der Ministerpräsident: »Ich habe keinen Vorgänger.«

Dachschaden

Lothar geht an einem Neubau vorbei, da fällt ihm eine Dachplatte auf den Kopf und zerbricht.

Ruft er nach oben: »Gent doch au Obacht, goht mr au so mit'm Material om?«

»Mir steht alles. – Das ›E‹ steht für Ehrendoktor, oder?«

Klein-Lothar III

Im Kindergarten hängt ein Bild vom Jesuskind in der Krippe. Lothar betrachtet sich das Bild eine Zeit und fragt dann die Kindergärtnerin, warum das Kind nackt sei.

Da wird ihm erklärt, daß Maria und Josef so arm gewesen seien, daß sie dem Kind nichts zum Anziehen hätten kaufen können.

Meint Lotharchen: »Gscheiter wärs gwea, mer hätt deam Kendle e Hemmed kauft, statt daß mr e Familiebild mache loht.«

Leicht

Der Ober-Schwabe bricht auf einer Wahlversammlung zusammen. Kohl fragt besorgt: »Soll ich deine Familie verständigen?«

»Noi, noi, bleib du hier, dann fällt mirs Sterben leichter.«

Ausgabe

Der Ministerpräsident kommt in eine Stuttgarter Buchhandlung.
  »Ich hätte gern was von Goethe.«
  Verkäufer: »Welche Ausgabe.«
  Meint Späth: »Da haben Sie eigentlich recht.«
  Und geht wieder.

SPÄTH SINGT WIE ELVIS!! (Überschrift in der Bildzeitung, als publik wurde, daß er »Muß i denn« aufnehmen will)

Hochzeit

Cleverle ist auf eine Hochzeit geladen. Es gibt reichlich Zwiebelkuchen und ihm entfährt zu vorgerückter Stunde ein lautstarker Wind.

Die Braut lacht sich halbtot.

Meint Späth: »Sie werden eine glückliche Ehe führen.«

»Wieso?«

»Sie sind so leicht zu unterhalten.«

DER LANDFRAUENVEREIN ÜBERSANDTE SPÄTH EIN BROT UND SCHRIEB DAZU: UND DENKET SE DANN BEIM VESPER AN DEN LANDFRAUENVEREIN VON SCHLAT!
AUSZUG AUS SPÄTHS ANTWORTGEDICHT:
IHR WISST WI I, IHRE LIEBE FRAUE,
MR MUSS SO MANCHES HEUT VERDAUE!

Fest

Bei einem üppigen Festessen sitzt Späth neben einem Vertreter der Grünen, der zu seinem Erstaunen die besten Leckerbissen unbeachtet läßt:

»Schmeckt es Ihnen denn nicht«, fragt er neugierig, »oder sind Sie schon satt?«

»Keins von beiden«, meint der Grüne, »ich bin überzeugter Vegetarier und möchte mein Leben um etliche Jahre verlängern.«

Meint Späth: »Merkwürdig, und ich dachte immer, für Vegetarier gäbe es nichts Schöneres, als ins Gras zu beißen.«

Klage

»Heutzutage«, bemerkt der Schwabe in trauter Runde, »wird kein Mensch mehr alt. Die wo noch da sind, sind alle von früher.«

Feindbild

Späth steht vor einer Büste des Diktators Pinochet.

»Sehr schön, das Werk hat nur zwei kleine Fehler.«

»Ja, welche denn«, staunt der chilenische Künstler.

»Der erste Fehler ist, es müßte drunter stehen: Ruhe in Frieden.«

»Aber Pinochet lebt doch noch.«

»Das ist der zweite Fehler.«

Schwäbische Version

Der Pfarrer will Späth den letzten Beistand geben und glaubt, daß es jeden Augenblick mit Späth zu Ende gehen kann, deshalb murmelt er das Vaterunser recht schnell herunter.

Meint der Ministerpräsident: »Nur net hudle, Herr Pfarrer, i laß mi net gern hetze.«

Finanzen

Kommt der Finanzminister und lamentiert: »Wenn ich bis Jahresende keine 500 000 Mark auftreiben kann, muß ich mich erschießen.«

»Tut mir leid, ich besitze keinen Revolver.«

Schon eher

»Herr Ministerpräsident«, wird Späth bei einem Stuttgarter Fest gefragt, »kennen Sie eigentlich unsern Herrn Häberle?«
»Noi«, kommt es böse zurück.

»Aber unseren Herrn Rimmel kennen Sie sicher.«

»Do kenn i noch eher den Häberle.«

Schlagfertig

Als Spät ein Junge war, zerschlug er eine Schaufensterscheibe. Er wollte rasch weglaufen, wurde aber vom Ladenbesitzer festgehalten.

»Weißt du nicht, daß man für den Schaden bezahlen muß?«

»Aber natürlich, ich bin doch schon gerannt, um das Geld zu holen.«

O-Ton Späth:

Wenn der DGB-Vorsitzende Ernst Breit nun nicht mit Kohl nach Indonesien geflogen ist, überleben das die Indonesier und der Bundeskanzler auch.

» ... und jetzt der ganze Asylantenchor: ›Muß i denn, muß i denn, zum Städtele hinaus.‹«

Ausland

Der Ministerpräsident besucht Manhattan.

Stolz zeigt ihm Bürgermeister Koch den neuesten Wolkenkratzer: »139 Stockwerke, so etwas haben Sie in Ihrem Ländle nicht.«

»Noi«, schüttelt Späth den Kopf.

»Vom Dach sieht man über 120 Meilen weit.«

»So. So.«

»Und im Gebäude gibt es 60 Lifts.«

»Oha!«

»Ja, und es ist so gebaut, daß es nicht verbrennen kann.«

»Schad.«

Vesper

Lothar verspeist mit Genuß Maultaschen. Da klingelt es an seiner Haustür. Beim fünften Mal entschließt er sich endlich, aufzumachen.

Draußen steht Rommel und sagt: »Hockst du vielleicht auf deinen Ohren?«

»Meinst i renn gleich? Und außerdem hab i di erst beim dritten Mal gehört.«

Stoltenberg

Späth sitzt mit drei Ministern im schwäbischen Wirtshaus. Unverhofft gesellt sich Stoltenberg dazu und nimmt Platz. Keiner beachtet ihn. Alle seine Bemühungen ein Gespräch anzufangen, scheitern. Die vier stecken ihre Köpfe über die Weingläser und stellen sich taub.

Da betritt eine Sammlerin der Heilsarmee die Gaststätte, der Norddeutsche wirft ein

Fünfmarkstück in die Büchse, worauf sie fragend die anderen anschaut: »Und was is mit den Herren?«

Hebt Späth den Kopf: »Mir fünf gehören zusammen.«

Vierhändig

Beklagt sich Frau Späth: »Früher hast du abends immer meine Hände gehalten.«
»Ja, da hatten wir auch das Klavier noch.«

SPÄTHGEDICHT (AUSZUG)
»DAS IST DAS SCHÖNE AN UNSEREM LÄNDLE:
MAN KANN ÜBER VIELES SCHWÄTZE UND HÄNDLE –
DOCH DER RANG UNSERER WEINE,
DER STEHT AUSSER STREIT: –
SELBST KAMELE GEHEN DAFÜR MEILENWEIT!«

Abschied

Späth verabschiedet seinen persönlichen Referenten.

»Es tut mir leid, daß Sie mich verlassen.«

»Ach, Sie werden vielleicht ja einen viel besseren bekommen.«

»Glaub ich kaum. Ich hatte bisher drei, und einer war dämlicher als der andere.«

Ausflug

Der Familienvater besucht mit Frau, Tochter und deren Freundinnen ein Gartenlokal. Kommt die erste und verlangt 20 Pfennige... kommt die zweite... die dritte.

Da langt's dem geplagten Ministerpräsidenten, er knallt ein Zweimarkstück auf den Tisch und sagt: »So, wann das verbrunzt isch, ganget mr.«

Schüchtern

Schwaben sind im allgemeinen sehr schüchtern. So ging dann auch der junge Lothar lange mit seiner Freundin im Wald spazieren und beguckte sich die schöne Natur.

Nach zwei Stunden fragte SIE ihn: »Lothar, wannde noch ebbes wilscht, do vorn hört de Wald uff.«

O-TON SPÄTH:
KALORIEN ERSETZEN KEINE TRADITION.

Erziehung

Späths Mutter war eine, für schwäbische Verhältnisse, großzügige Frau, jedesmal wenn er ein »wüaschtes« Wort nach Hause brachte, gab sie ihm fünf Pfennige, damit er es nicht mehr gebrauchte.

Eines Abends kam er ganz glücklich an: »Heut weiß ich ein Wort, das ist mindestens 50 Pfennige wert.«

Dickschädel

Der Nachbar von Späth, ein gestandener Bauer, will einen Ochsen schlachten. Er bittet den Ministerpräsidenten behilflich zu sein und den Ochsen festzuhalten. Im halbdunklen Stall hält Lothar das Tier an der Kette fest, während der Bauer mit der Axt zuschlägt. Der Ochse rührt sich nicht. Ein zweiter Axthieb hat ebensowenig Wirkung.

Als er zum drittenmal ausholen will, protestiert Späth: »Wenn du mir noch mal vorn Kopf haust, laß' ich den Ochs los.«

Wertvoll

Fragt Späth seinen Pressesprecher Kleinert: »Kann man dem Rommel eigentlich trauen?«
Der ganz emphatisch: »Dem können Sie Ihr Leben anvertrauen.«
Späth zögernd: »Aber Wertsachen auch?«

Theater

Lothar besucht das Mundarttheater von Liesl Christ in Frankfurt.
Er lacht sich halbschief und sagt nach der Vorstellung bedauernd zur Theaterchefin: »Schad, daß mir Schwobe koin Dialegd hen.«

Höflich

Späth ist zu Gast bei Helmut Kohl. Der Abend zieht sich.

Meint der Ministerpräsident: »Glauben Sie bloß nicht, daß ich unhöflich bin, weil ich so oft auf die Uhr schaue. Ich langweile mich bloß.«

O-Ton Späth:

Wenn alles, was Beine hat, in den Wald rennt und dauernd die Bäume zählt, die befallen sind, passiert überhaupt nichts, außer daß der Wald zusätzlich geschädigt wird.

Trost

Die CDU hat eine wichtige Wahl verloren. Späth ist schwer betroffen und sucht Trost im Trollinger Wein.

Eines Abends besucht ihn der Pfarrer und meint kopfschüttelnd: »Aber Herr Ministerpräsident, das wird doch wohl nicht Ihr einziger Trost sein?«

»Awa, Herr Pfarrer, hinderm Schrank hats noch e paar Fläschle.«

Fallobst

Der Sohn zu Lothar: »Vadder, schenk mir ne Mark, da draußen verkauft ein Mann Apfelsinen.«

»Streck ihm 'd Zong raus, vielleicht schmeißt er dir oine nach.«

»Noch zwei Viertele und ich steh' im Finale. Versuchen Sie mal, diese Birne zu retournieren, Herr Kohl.«

Pietät

Als Lothar noch bei der Finanzverwaltung arbeitete, starb einer seiner Freunde.

Er erbot sich, die Urne mit den Überresten des Verblichenen am Tübinger Hauptbahnhof abzuholen. Auf dem Weg in die Stadt, es war Winter, machte ihm das Glatteis stark zu schaffen. In der steilen Neckargasse kommt es zum Unglück, Lothar stürzt und kommt auf der spiegelglatten Fläche nicht wieder auf die Beine.

Nach einigen vergeblichen Versuchen knurrt er: »Pietät hin, Pietät her, s'tuat mr ja loid, Freund, aber jetzt wirscht gestreut!«

O-Ton Späth (Theodor Heuss zitierend):

Wer Wein säuft sündigt; wer Wein trinkt betet.

Glückwunsch

Als man dem jungverheirateten Ehemann zu seinem guten Geschmack gratuliert und ihm versichert, was er sich doch für ein reizendes Fraule ausgesucht habe, antwortet er: »Ha, warum hätt i solle e Wüaschte nemme? E Schöne frißt au net meh.«

Zu hoch

Der Ministerpräsident hatte einem Bürgermeister einen ziemlich scharfen Erlaß geschickt, der unbeantwortet geblieben war. Eines Tages treffen sich die beiden anläßlich einer Festlichkeit, was der Ministerpräsident zum Anlaß nimmt, auf dieses Schreiben anzuspielen.

»Na, mein Lieber, da habet se wohl denkt, der Ministerpräsident kann mir de Buckel naufsteige.«

»Oh, noi«, erwidert der Bürgermeister, »so weit nuff hätt i de Herr Ministerpräsident gar net bemüht.«

Partnerschaft

Späth kehrt mit seiner Frau im Wirtshaus ein. Während er an der Theke zwei Viertele Wein holt, wickelt sie das mitgebrachte Vesperbrot aus, wobei ihr unversehens die rote Wurst auf den Boden fällt. Als sie sich danach bückt, ist ein Hund schneller. Mit knapper Not entreißt sie ihm die Beute wieder.

Als der Mann mit dem Wein zurückkommt, sagt sie: »Dia Wurst koscht fei nemme esse, dia hot seller Hond em Maul ghet.«

Entgegnet er vorwurfsvoll: »Des hättescht mr aber au erscht NOCHHER sage könne.«

Eichborn-Fest

Beim Buchmessenfest des Eichborn-Verlags ist auch Lothar Späth geladen. Er ißt gerade die berühmte Suppe, als die Redaktionsfliege in dieser landet.

Geschwind ergreift er sie und packt sie beim Kopf: »Spucks wieder aus du Mistviech, spucks wieder aus.«

Billiger

Kleinert kommt aus dem Urlaub zurück und schwärmt seinem Chef vor: »Wenn man so am Rand des gewaltigen Meeres steht, dann wird einem schlagartig seine eigene Nichtigkeit bewußt.«

Darauf der Ministerpräsident: »Das Vergnügen habe ich wesentlich billiger jeden Abend, wenn meine Frau mit mir spricht.«

Sohnemann

Lothars Sohn fährt seine kleine Schwester im Wägele spazieren. Da kommt ein fremder Mann und fragt im Spaß, ob er das Schwesterchen nicht kaufen könne.

»Do hättet'r vor vier Woche komme solle. Jetz geits mr nemme her; jetzt hemr scho z'viel drana gfuatteret.«

Boutique

Entschuldigt sich Frau Späth im Pelzgeschäft: »Entschuldigen Sie, daß die Scheine feucht sind. Mein Mann weinte bitterlich, als er sie mir gab.«

Pfiffig

Hasso, Späths Hund, hat vom Ladentisch ein großes Stück Schwartenmagen gestohlen und rennt mit der Beute davon. Erbost schreit der Metzger Späth zu, er möge doch seinem Hund pfeifen.
Der meint gelassen: »Leck me, pfeif doch du deim Schwartemage.«

Hotel

Fragt Späth an der Rezeption: »Haben Sie ein gutes Hotelzimmer für mich?«
»Nur noch eins mit Meeresblick, das ist 30 Mark teurer.«
»Und wenn ich Ihnen verspreche, nicht aus dem Fenster zu schauen?«

Wieder der

Fragt Joschka Fischer den Ministerpräsidenten: »Wissen Sie, wie man ein Arschloch neugierig macht?«
»Keine Ahnung.«
»Ich erzähls Ihnen vielleicht morgen.«

Minister

Wirtschaftsminister Herzog kommt zu spät zur Kabinettssitzung und entschuldigt sich: »Meine Frau hat mir heute nacht einen Sohn geschenkt.«
Brummt Lothar Spät: »Nächstes mal soll sie Ihnen lieber einen Wecker schenken.«

»In dr Erotik send mir Schwobe d' reinschte Deibel.«

Schule

»Lotharchen, was bedeutet Dilemma?«
»Die Lämma ist die Mehrzahl von Lamm.«

O-Ton Späth:

»*Die Liebe geht bekanntlich durch den Magen. Für den Schwaben mag dazu noch gelten, daß die Liebe notfalls erkalten kann, wenn nur das Essen warm bleibt.*«

Schule 2

»Lothar, ich habe hier acht Bonbons, die du mit deinem Bruder teilen sollst. Wieviele bekommt jeder?«
   »Bruder? I han koin Bruder.«

Schule 3

Fragt der Religionslehrer: »Warum bitten wir Gott um das täglich Brot?«

Lothar: »Weil das Brot frisch sein muß.«

SYBILLE KRAUSE-BURGER ÜBER DEN MINISTERPRÄSIDENTEN:
LOTHAR SPÄTH KOMMT NICHT NUR ALS EIN JEDERMANN DAHER, ER IST ES AUCH.

Lenz

Seufzt Frau Späth: »Der Lenz steht vor der Tür.«

Brummt er: »Mr gebet nix.«

Früh geübt

»Kein Wunder, daß aus Lothar was geworden ist.«
»Warum?«
»Der hat schon günstige Investitionen mit seinem Milchgeld gemacht, als er noch im Kindergarten war.«

Vater

Als Späth nochmals Vater wird, fragt ihn ein Freund, wie sich denn das mit der schwäbischen Sparsamkeit vertrage.
Antwort des Ober-Schwaben: »Wir hatten noch Windeln übrig.«

KRAUSE-BURGER ÜBER SPÄTH:
DEN BETREUERN IM KINDERGARTEN

FIEL ER AUF, WEIL ER ZU LEBHAFT ZU SEIN SCHIEN; UND SIE RIETEN DEN ELTERN, IHN MÖGLICHST SCHNELL AUF DIE SCHULE ZU SCHICKEN.

Aber, aber

Entrüstet sich Frau Späth: »Lothar, der Arzt hat dir doch verboten, Wein zum Essen zu trinken.«
   »Schön, räums Essen eben weg.«

Nochmal Fischer

Fragt Fischer: »Herr Späth, wissen Sie, wie Sie ganz schnell auf Rente kommen?«
   »Noi.«
   »Werfen Sie Ihren Personalausweis weg, und lassen Sie sich schätzen.«

Italienisch

Fragt er Ehefrau Ursula: »Wie heißt eigentlich das italienische Zeug, auf das ich so scharf bin?«

Giftet sie: »Milva!«

HANS BLICKENSDÖRFER ÜBER DEN MP: SPÄTH SCHENKT SEINER SONST SO FLINKEN ZUNGE ZEITLUPE, WENN ER DAS GLAS ANSETZT.

Logik

Fragt der kleine Späth seinen Vater: »Papi, was heißt denn ›auf Agamemnons Haus lag ein böser Fluch‹?«

»Hypotheken, mein Junge, Hypotheken.«

Keine Frage

»Herr Ministerpräsident, Sie kennen doch Herrn Gauweiler.«
»Aber ja, ich bin sein Gönner.«
»Der Mann ist doch politisch fast am Ende...?«
»Eben das gönn ich ihm.«

Alles klar

Der Berliner Bürgermeister, das Zürcher Stadtoberhaupt und Lothar Späth sitzen im Zug von Zürich nach Stuttgart.
Der Zürcher zum Berliner: »Send Sia au z' Züri gsi?«
»Wie bitte?«
»Send Sia au z' Züri gsi?«
Der Berliner sieht den Schwaben hilfesuchend an. Der übersetzt: »Gwä!«

Arbeit

Frau Ursula zu ihrer Nachbarin: »Mein Mann denkt auch bei seiner Arbeit ständig an mich.«
    »Ja, ich habe ihn gestern beim Teppichklopfen beobachtet.«

Wette

Genscher wettet mit Späth, wer die unwahrscheinlichste Geschichte erzählen kann.
    Späth beginnt: »Es war einmal ein großzügiger Schwabe...«
    »Gewonnen«, resigniert Genscher.

Rezept

Tomatensuppe à la Späth: Heißes Wasser in roten Tassen servieren.

Teufel

Eine Freundin, die gerade einen Stuttgarter geheiratet hat, erzählt Späth von ihren Erfahrungen: »In der ersten Nacht zog er sein langes Nachthemd an, gab mir einen Kuß auf die Stirn und sagte ›Gut Nacht, Schätzle‹; in der zweiten Nacht war es genau das gleiche. In der dritten Nacht hab' ich ihn sanft übers Gesicht gestreichelt, und da hat er mir doch glatt in den Finger gebissen.«

Lächelt Späth: »Woisch, en dr Erotik, do send mir Schwoba de reinschte Deifel!«

Scherzfrage

Was steht mit einer brennenden Kerze vor dem Spiegel?
Lothar Späth feiert den zweiten Advent!

Rückkehr

Lothar Späth kommt vom Schwarzen Meer zurück und wird von Reportern bestürmt:
»Sind Sie auch im Schwarzen Meer geschwommen?«
»Noi, i han bloß meinen Füllfederhalter nachgfüllt.«

Beleidigung

Vehement wehrt sich der Chef der Schwaben gegen das Gerücht, daß sie geizig seien: »Mein Vater zum Beispiel warf von seinem Fenster aus den Kindern immer Markstücke zu. Er würde das auch heute noch machen, wenn nicht...«
»Wenn nicht?«

Für Silicon Valley in Schwaben. Eine neue technische Höchstleistung.

»Wenn nicht eines Tages die Schnur gerissen wäre, an der die Münzen befestigt waren.«

Musik

Als Späth noch einfacher Abgeordneter war, führte er seine Stuttgarter Freunde durch die neue Wohnung.
»So, und dies hier ist unser Musikzimmer.«
»Aber da ist ja gar kein Instrument.«
»Das nicht, aber von hier hören wir das Radio des Nachbarn am besten.«

O-Ton Späth (über den Wein):

Je konzentrierter wir nämlich trinken, desto besser werden unsere Ideen, was wiederum un-

seren Export beflügelt und damit entscheidend dazu beiträgt, daß wir uns den Wein leisten können!

Junior

Erkundigt sich Späth morgens bei seinem Sohn, der erstmals mit einem Mädchen aus war.

»Na, viel ausgegeben?«
»50 Mark.«
»Das geht ja noch.«
»Mehr hatte sie leider nicht bei sich.«

Advent 2

Wenn Späth drei Spiegel um die Kerze stellt, ist der vierte Advent.

Einladung

Klagt Helmut Kohl: »Mein Arzt hat mir geraten, kaum etwas zu essen und nur noch Wasser zu trinken.«

Darauf Späth: »Übrigens, darf ich dich heute abend zu mir einladen?«

Los

In einem Anfall von Leichtsinn kauft der Schwabe gleich zwei Lotterielose bei einer Tombola.

Eines bringt ihm den Hauptgewinn: einen Mercedes 500 SEC. Aber er kann sich nicht freuen.

Als ein Freund ihn darauf anspricht, meint er mißmutig: »Verdammt, warum hab ich bloß das zweite Los gekauft?«

Nachdurst

Späth verlangt in einem Kürnbacher Gasthaus ein Glas Wasser, kippt es runter und geht.

»Halt«, ruft der Wirt hinter ihm her, »Sie bestellen ein Glas Wasser und gehen geradewegs wieder weg.«

Dreht sich Späth um: »Soll ich etwa auch noch torkeln?«

Sammlung

»Herr Ministerpräsident, im Landtag wurde für die Dritte Welt gesammelt.
Darf man erfahren, was Sie gegeben haben?«

»Sicher. Die Genehmigung.«

Umsonst

Späth und Scheel fahren gemeinsam im Intercity. Scheel bietet dem Schwaben eine Zigarre an, der nimmt sie gerne. Dann sucht der Altbundespräsident seine Taschen nach Feuer ab, fragt: »Haben Sie vielleicht ein Streichholz?«

Murrt Späth: »Hätt ich mir gleich denken können, daß die Zigarre nicht umsonst ist.«

Untergang

Bei einer Kreuzfahrt gerät Späth in einen schweren Sturm und sein Schiff kollidiert mit einem Eisberg. Langsam beginnt es zu sinken. Einige Passagiere fassen sich an den Händen, andere singen fromme Lieder oder beten. Nur Lothar läßt sich nicht beeindrucken und ißt einfach weiter: »Daß net des Zeug au noh hie isch.«

Brücke

Begegnen sich Späth und Gauweiler auf einer schmalen Brücke. Ruft Gauweiler: »Ich weiche keinem Schurken aus.«
»Aber ich«, meint Späth und tritt zur Seite.

Zu spät(h)

Klagt Ursula: »Früher hast du immer gesagt, du hast mich zum fressen gern. Und heut?«
»Heut? Heut tuts mir leid, daß ich's nicht getan hab.«

Posten

Kommt ein ehrgeiziger Beamter zu Späth und fordert: »Ich möchte gerne die Stelle des soeben verstorbenen Ministerialdirektors einnehmen.«

»Gerne, wenn der Leichenbestatter damit einverstanden ist.«

O-Ton Späth:

... Das politische Drama Schillers – ich zitiere nicht – das staatliche Denken Hegels – ich zitiere nicht –, dafür ist Manfred Rommel zuständig ...

Maultaschen

»Herr Ober, servieren Sie auch Maultaschen?«

»Sicher, Herr Späth, wir bedienen jeden.«

Kommando

Wie kommandiert ein echter schwäbischer Ministerpräsident täglich seine Untergebenen? »Spart eure Worte...«

ÜBERSCHRIFT DER BILDZEITUNG:

SIND SIE EIN UNMENSCH, HERR SPÄTH?
UNSINN! (SPÄTHS ANTWORT)

Kindermund

Fragt der kleine Späth seinen Vater: »Du, was ist eigentlich ein Strohwitwer?«

Lacht Lothar: »Das bin ich, wenn Mamma verreist ist.«

»Aha, und wenn sie da ist, bist du ein Strohmann.«

OSCAR HEILER ÜBER SEINE MITBÜRGER:

WAS MICH SO ÄRGERT, IST, WENN GESAGT WIRD, WIR SCHWABEN WERDEN ERST MIT 40 GESCHEIT. WIR WERDEN ÜBERHAUPT NICHT GESCHEIT.
UND WILLY REICHERT:
DUMM DARF MAN SEIN, ES IST SOGAR GESUND!

Wunschdenken

Einer von Späths Freunden ist ein »Briefkastenonkel«.

Den fragt er: »Letzt hast du geschrieben, wer seine Haare an der Stirn verliert, der gilt als Denker, und wer sie am Hinterkopf verliert, gilt als Frauenheld. Ich habe sie vorne und hinten verloren. Was soll ich davon halten?«

»Du kannst denken, du seist ein Frauenheld.«

»Trotz Vermummung hab' ich Sie gleich erkannt, Herr Zimmermann.«

Danach

Späth ist alt geworden und hat sich aus der Politik zurückgezogen. Nur im Wirtshaus beim Wein erzählt er noch von vergangenen, ruhmreichen Zeiten.

Fragt ein junger Mann den Wirt: »Wer ist denn das?«

»Das war unser Ministerpräsident.«

»Donnerwetter, muß der erst gelogen haben, als er noch im Amt war.«

Abgekanzelt

Macht Späth seinen Redenschreiber runter: »Die Rede, die Sie da für mich aufgesetzt haben, ist unter aller Kanone, spottet jeder Beschreibung. Ein Mann, der sich nicht verständlich ausdrücken kann, ist ein Schaftskopf und Cretin. Verstanden?«

»Nein, Herr Ministerpräsident.«

Amtsrat

Donnert Späth: »Mein lieber Amtsrat, wie konnten Sie es wagen, gestern abend derart radikale Ansichten zu äußern?«

»Entschuldigung, Herr Ministerpräsident, ich war betrunken.«

»Das ist keine Ausrede. Je besoffener der Beamte ist, desto loyaler wird er.«

Direkt

Sagt ein Freund zu Späth: »Frauen sind verdammt teuer.«

»Stimmt, wo haben Sie denn Ihre kennengelernt?«

»Beim Heiratsvermittler.«

»Ja, ja, der Zwischenhandel verteuert eben alles.«

Jovial

Besucht Lothar Späth das Max-Planck-Institut und fragt die Kapazitäten jovial: »Nun, was gibt es Neues in der Wissenschaft?«

Antwortet Dr. Gruber: »Kennen Sie schon das Alte?«

Arbeit

Späth hatte bereits zwei harte Arbeitsstunden hinter sich, bevor er zu seinem Frühstück kam.

Er saß in seinem Büro, vor sich eine große Tasse Kaffee und daneben den vollen Krug und das Weinglas.

Kam ein neuer Mitarbeiter herein und fragte erstaunt: »Wia bast au des zsamme, d Kaffeeschüssel onds Weikriagle?«

»I ko doh d Kaffee net so trocke nondrwurgse.«

Hochzeit

Nun war der Tag gekommen, an dem das gegenseitige Versprechen eingelöst werden konnte. Zur Hochzeit von Lothar und Ursula war alles bestens vorbereitet. Das Brautpaar strengte sich an, beim Gang zur Kirche die gegenseitige Zuneigung für alle sichtbar werden zu lassen. Es muß wohl an dem langen Kleid der Braut gelegen haben, daß sie, beim Erklingen der Orgel, an der Schwelle des Eingangs ihren rechten Fuß angestoßen hatte.

Bräutigam Lothar half ihr zärtlich mit den Worten: »Hoppla, mei goldigs Engele.«

Nach der andächtigen Stunde und dem »Jawort« näherten sich die Neuvermählten dem Ausgang, wo die Schaulustigen warteten.

An der gleichen Stelle stolperte die Braut wieder.

Auch das bemerkte der soeben Angetraute, und mit einem Ruck den Gleichschritt wiederherstellend, brummte er: »Du ogschickts Luder, kosch d'Knoche net lupfe?«

Rührend

Stöhnt die Ehefrau in der Nacht: »O Lothar, i kann garnet schlafe, mir ischs garnet gut«, darauf gähnend der Gatte: »Wem ischs au heutzutag gut?« und schnarcht weiter.

Beißzange

Späth schlägt einen Nagel in die Wand, um ein Bild aufzuhängen. Der Nagel wird krumm.

Deshalb herrscht er seinen Junior an, der grinsend neben ihm steht: »Glotz net so saudomm, hol mr liebr di alt Beißzang.«

Der Kleine geht zur Tür und brüllt aus vollem Hals: »Mamma, komm schnell, der Papa braucht de.«

Mehrarbeit

Lobhudelt ein Freund: »Mach dir keine Sorgen über die Wahl. Ich bin überzeugt, daß alle intelligenten Bürger für dich stimmen werden.«

»Das fehlte noch – die Mehrheit ist mir lieber.«

Hemdle

Ehekrach im Hause Späth.

Lothar schreit: »Wi ich dich hab kenneglernt, hoscht nix ghabt wi a Hemdle aufm Leib.«

»Recht hoscht«, schluchzt Ehefrau Ursula, »ond du Bachl hoscht nix Bessers z'toa gwußt, wi mir dieses Hemdle auszomziehe!«

Scheck

Zu Zeiten, als Späth noch nicht Ministerpräsident war, ruft er bei einem Lebensmittelhändler an: »Schicket Sie mir bitte a Käschtle Wein. Wenn er guat ischt, krieget Sie einen Scheck von mir.«

Der Stuttgarter Händler: »Schicket Sie mir erscht den Scheck, und wenn der guat ischt, dann kriaget Sie den Wein.«

Duden

Lothars schwäbische Herkunft bereitet ihm einige Schwierigkeiten in der Rechtschreibung.

Seine Deutschlehrerin rät ihm: »Schau ruhig mal im Wörterbuch nach, wenn du im Zweifel bist.«

Darauf Lothar: »Des könnt i scho mache, abr i bin jo nia em Zweifl.«

»Wer hat eben ›Roßtäuscher‹ gerufen?«

Kohl

Der Bundeskanzler zum Ministerpräsidenten: »Gestern bin ich an Ihrem Haus vorbeigegangen.«
Späth: »Danke!«

Schlaf

Späths Referent kommt atemlos zum Chef: »Tut mir leid, Herr Ministerpräsident, ich habe verschlafen.«
Späths Kommentar: »Was denn, was denn, dr'hoim schlafet Sie au noch...?«

Adam und Eva

In der Schule: »Und jetzt, meine lieben Kinder, werde ich euch erzählen, wie der erste Mensch erschaffen wurde.«

Meldet sich der kleine Lothar: »Abr Herr Lehrer, des wisset mr doch scho alle vom Herr Pfarrer ausm Religionsunterricht. Ons tät jetzet viel mehr intressiere, wi au der dritte Mensch erschaffe wurd.«

Intelligent

Lothar Späth fühlt sich von seinem ständig kaugummikauenden Junior ungemein provoziert: »Jetzet sag au du mol: Kenscht du eigentlich den Unterschied zwische einer widerkäuende Kuh ond eme Teenädschr, der Kaugommi kaue tuat? – Die Kuh hot en intelligentre Gesichtsausdruck.«

O-Ton Späth:

Meinen Kritikern gebe ich den Rat: Stellt euch einmal für eine halbe Stunde an den Tresen einer Wirtschaft und hört zu, was die Leute sagen.

Aufhängen

Im Stuttgarter Ministerium wird eine Reihe neuer Garderobenhaken angebracht und darüber ein Schild: »Für Abgeordnete.«

Am nächsten Morgen klebt Späth heimlich einen Zettel darunter: »Sie können aber auch Ihre Mäntel daran aufhängen.«

O-Ton Späth:

Wer sich im aspetischen Plastiksack durchs Leben tragen läßt, wird nie seinen eigenen Weg gehen können.

Biester

Späths sind gegen ihre sonstige Gewohnheit zum Campen gefahren. Verzweifelt kämpft die Familie gegen die Mücken.

Als es dunkel wird, gesellen sich noch einige Leuchtkäfer zu der Insektenschar. »Kommet, mir hauet ab!« kreischt die kleine Tochter, »jetzet suche di Bieschtr ons au noh mit dr Taschelamp.«

Familiengründung

Beim Familienausflug mit dem Sohn und dessen Freundin merkt Ursula, daß die beiden Youngsters verschwunden sind.

Sie fragt ihren Mann: »Was werden die beiden wohl machen?«

Brummt er: »Nachkommen.«

Taxi

Späths Wagen ist kaputt, und er muß ein Taxi nehmen.

Nervös springt er hinein und herrscht den Fahrer an: »Fahr los mit deiner Mischtkarre.«

Antwortet der Chauffeur: »Nur net hudla! Schließlich muß i ja erscht amal wissa, wo i de Mischt ablada soll.«

Unter Parteifreunden

Lothar Späth zu Norbert Blüm: »Es gibt Domme ond Saudomme. Von de Domme bischt du koiner.«

Gesundheit

Nachdem Späth einen Blick in die Hausapotheke seiner Frau geworfen und all die vielen Fläschchen, Pillenschachteln und Salben bestaunt hatte, meinte er: »Weib, du muascht aber arg gsond sei, daß du so viel Krankheite aushälscht.«

Seltener

Lothar klärt seinen Sohn über die ökonomischen Zusammenhänge auf: »Alles, was selten ist, ist teuer. Ein gutes Rennpferd ist selten. Darum ist es teuer.«

Erwidert der Filius: »Aber Papa, ein gutes Rennpferd, das billig ist, ist doch noch seltener.«

Ehrenmann

Fragt Gauweiler: »Können Sie mir 1000 Mark leihen? Sie bekommen sie morgen zurück. Sie haben das Wort eines Ehrenmannes.

»Gut, aber wo ist der Ehrenmann?«

Paris

Späth hat seine Gattin auf eine Reise nach Paris mitgenommen. Als er am Morgen im Hotel erwacht, fällt sein Blick auf den riesigen Spiegel über dem Bett.

Er weckt seine Ursula und sagt: »Toll, jetzt kann ich mich wenigstens mal im Bett rasieren.«

»Ah, dieses sanfte Brummen des ›Leopard II‹ erinnert mich immer an Ursula.«